Jugendschutzgesetz

(JuSchG)

Impressum

© GROELSV – Verlag, Hans-Much-Weg 14, 20249 Hamburg, Telefon: 040/ 32030598; - Redaktion GROELSV

Wir sind bemüht, ein ansprechendes Produkt zu gestalten, dass vernünftigen Ansprüchen an das Preis/Leistungsverhältnis gerecht wird. Buchbewertungen, z. B. über den Distributor Amazon sind ausdrücklich erwünscht. Konstruktive Anregungen nutzen wir gerne, um künftige Auflagen zu ergänzen und anzupassen.

Die Rechte am Werk, insbesondere für die Zusammenstellung, die Cover- und weitere Gestaltung liegen beim Verlag. Trotz sorgfältigster Bearbeitung und Qualitätskontrolle können Übertragungsfehler und technische Fehler nicht letztgültig ausgeschlossen werden. Fachanwaltliche Beratung wird durch die Konsultation einer Rechtssammlung nicht ersetzt.

1

Inhaltsverzeichnis

Jugendschutzgesetz (JuSchG)

-

JuSchG

Ausfertigungsdatum: 23.07.2002

"Jugendschutzgesetz vom 23. Juli 2002 (BGBl. I S. 2730), das zuletzt durch Artikel 2 Absatz 55 u. Artikel 4 Absatz 36 des Gesetzes vom 7. August 2013 (BGBl. I S. 3154) geändert worden ist"

Stand: Zuletzt geändert durch Art. 2 Abs. 55 u. Art. 4 Abs. 36 G v. 7.8.2013 I 3154

Das G tritt gem. § 30 Abs. 1 Satz 1 an dem Tag in Kraft, an dem der Staatsvertrag der Länder über den Schutz der Menschenwürde und den Jugendschutz in Rundfunk und Telemedien in Kraft tritt*. In Kraft gem. Bek. v. 1.4.2003 I 476 mWv 1.4.2003

Eingangsformel

Der Bundestag hat mit Zustimmung des Bundesrates das folgende Gesetz beschlossen:

Abschnitt 1

Allgemeines

-

§ 1 Begriffsbestimmungen

(1) Im Sinne dieses Gesetzes

1.

sind Kinder Personen, die noch nicht 14 Jahre alt sind,

2.

sind Jugendliche Personen, die 14, aber noch nicht 18 Jahre alt sind,

3.

ist personensorgeberechtigte Person, wem allein oder gemeinsam mit einer anderen Person nach den Vorschriften des Bürgerlichen Gesetzbuchs die Personensorge zusteht,

4.

ist erziehungsbeauftragte Person, jede Person über 18 Jahren, soweit sie auf Dauer oder zeitweise aufgrund einer Vereinbarung mit der personensorgeberechtigten Person Erziehungsaufgaben wahrnimmt oder soweit sie ein Kind oder eine jugendliche Person im Rahmen der Ausbildung oder der Jugendhilfe betreut.

(2) Trägermedien im Sinne dieses Gesetzes sind Medien mit Texten, Bildern oder Tönen auf gegenständlichen Trägern, die zur Weitergabe geeignet, zur unmittelbaren Wahrnehmung bestimmt oder in einem Vorführ- oder Spielgerät eingebaut sind. Dem gegenständlichen Verbreiten, Überlassen, Anbieten oder Zugänglichmachen von Trägermedien steht das elektronische Verbreiten, Überlassen, Anbieten oder Zugänglichmachen gleich, soweit es sich nicht um Rundfunk im Sinne des § 2 des Rundfunkstaatsvertrages handelt.

(3) Telemedien im Sinne dieses Gesetzes sind Medien, die nach dem Telemediengesetz übermittelt oder zugänglich gemacht werden. Als Übermitteln oder Zugänglichmachen im Sinne von Satz 1 gilt das Bereithalten eigener oder fremder Inhalte.

(4) Versandhandel im Sinne dieses Gesetzes ist jedes entgeltliche Geschäft, das im Wege der Bestellung und Übersendung einer Ware durch Postversand oder elektronischen Versand ohne persönlichen Kontakt zwischen Lieferant und Besteller oder ohne dass durch technische oder sonstige Vorkehrungen sichergestellt ist, dass kein Versand an Kinder und Jugendliche erfolgt, vollzogen wird.

(5) Die Vorschriften der §§ 2 bis 14 dieses Gesetzes gelten nicht für verheiratete Jugendliche.

-

§ 2 Prüfungs- und Nachweispflicht

(1) Soweit es nach diesem Gesetz auf die Begleitung durch eine erziehungsbeauftragte Person ankommt, haben die in § 1 Abs. 1 Nr. 4 genannten Personen ihre Berechtigung auf Verlangen darzulegen. Veranstalter und Gewerbetreibende haben in Zweifelsfällen die Berechtigung zu überprüfen.

(2) Personen, bei denen nach diesem Gesetz Altersgrenzen zu beachten sind, haben ihr Lebensalter auf Verlangen in geeigneter Weise nachzuweisen. Veranstalter und Gewerbetreibende haben in Zweifelsfällen das Lebensalter zu überprüfen.

-

§ 3 Bekanntmachung der Vorschriften

(1) Veranstalter und Gewerbetreibende haben die nach den §§ 4 bis 13 für ihre Betriebseinrichtungen und Veranstaltungen geltenden Vorschriften sowie bei öffentlichen Filmveranstaltungen die Alterseinstufung von Filmen oder die Anbieterkennzeichnung nach § 14 Abs. 7 durch deutlich sichtbaren und gut lesbaren Aushang bekannt zu machen.

(2) Zur Bekanntmachung der Alterseinstufung von Filmen und von Film- und Spielprogrammen dürfen Veranstalter und Gewerbetreibende nur die in § 14 Abs. 2 genannten Kennzeichnungen verwenden. Wer einen Film für öffentliche Filmveranstaltungen weitergibt, ist verpflichtet, den Veranstalter bei der Weitergabe auf die Alterseinstufung oder die Anbieterkennzeichnung nach § 14 Abs. 7 hinzuweisen. Für Filme, Film- und Spielprogramme, die nach § 14 Abs. 2 von der obersten Landesbehörde oder einer Organisation der freiwilligen Selbstkontrolle im Rahmen des Verfahrens nach § 14 Abs. 6 gekennzeichnet sind, darf bei der Ankündigung oder Werbung weder auf jugendbeeinträchtigende Inhalte hingewiesen werden noch darf die Ankündigung oder Werbung in jugendbeeinträchtigender Weise erfolgen.

Abschnitt 2
Jugendschutz in der Öffentlichkeit

-

6

§ 4 Gaststätten

(1) Der Aufenthalt in Gaststätten darf Kindern und Jugendlichen unter 16 Jahren nur gestattet werden, wenn eine personensorgeberechtigte oder erziehungsbeauftragte Person sie begleitet oder wenn sie in der Zeit zwischen 5 Uhr und 23 Uhr eine Mahlzeit oder ein Getränk einnehmen. Jugendlichen ab 16 Jahren darf der Aufenthalt in Gaststätten ohne Begleitung einer personensorgeberechtigten oder erziehungsbeauftragten Person in der Zeit von 24 Uhr und 5 Uhr morgens nicht gestattet werden.

(2) Absatz 1 gilt nicht, wenn Kinder oder Jugendliche an einer Veranstaltung eines anerkannten Trägers der Jugendhilfe teilnehmen oder sich auf Reisen befinden.

(3) Der Aufenthalt in Gaststätten, die als Nachtbar oder Nachtclub geführt werden, und in vergleichbaren Vergnügungsbetrieben darf Kindern und Jugendlichen nicht gestattet werden.

(4) Die zuständige Behörde kann Ausnahmen von Absatz 1 genehmigen.

-

§ 5 Tanzveranstaltungen

(1) Die Anwesenheit bei öffentlichen Tanzveranstaltungen ohne Begleitung einer personensorgeberechtigten oder erziehungsbeauftragten Person darf Kindern und Jugendlichen unter 16 Jahren nicht und Jugendlichen ab 16 Jahren längstens bis 24 Uhr gestattet werden.

(2) Abweichend von Absatz 1 darf die Anwesenheit Kindern bis 22 Uhr und Jugendlichen unter 16 Jahren bis 24 Uhr gestattet werden, wenn die Tanzveranstaltung von einem anerkannten Träger der Jugendhilfe durchgeführt wird oder der künstlerischen Betätigung oder der Brauchtumspflege dient.

(3) Die zuständige Behörde kann Ausnahmen genehmigen.

-

§ 6 Spielhallen, Glücksspiele

(1) Die Anwesenheit in öffentlichen Spielhallen oder ähnlichen vorwiegend dem Spielbetrieb dienenden Räumen darf Kindern und Jugendlichen nicht gestattet werden.

(2) Die Teilnahme an Spielen mit Gewinnmöglichkeit in der Öffentlichkeit darf Kindern und Jugendlichen nur auf Volksfesten, Schützenfesten, Jahrmärkten, Spezialmärkten oder ähnlichen Veranstaltungen und nur unter der Voraussetzung gestattet werden, dass der Gewinn in Waren von geringem Wert besteht.

-

§ 7 Jugendgefährdende Veranstaltungen und Betriebe

Geht von einer öffentlichen Veranstaltung oder einem Gewerbebetrieb eine Gefährdung für das körperliche, geistige oder seelische Wohl von Kindern oder Jugendlichen aus, so kann die zuständige Behörde anordnen, dass der Veranstalter oder Gewerbetreibende Kindern und Jugendlichen die Anwesenheit nicht gestatten darf. Die Anordnung kann Altersbegrenzungen, Zeitbegrenzungen oder andere Auflagen enthalten, wenn dadurch die Gefährdung ausgeschlossen oder wesentlich gemindert wird.

-

§ 8 Jugendgefährdende Orte

Hält sich ein Kind oder eine jugendliche Person an einem Ort auf, an dem ihm oder ihr eine unmittelbare Gefahr für das körperliche, geistige oder seelische Wohl droht, so hat die zuständige Behörde oder Stelle die zur Abwendung der Gefahr erforderlichen Maßnahmen zu treffen. Wenn nötig, hat sie das Kind oder die jugendliche Person

1.

zum Verlassen des Ortes anzuhalten,

2.

der erziehungsberechtigten Person im Sinne des § 7 Abs. 1 Nr. 6 des Achten Buches Sozialgesetzbuch zuzuführen oder, wenn keine erziehungsberechtigte Person erreichbar ist, in die Obhut des Jugendamtes zu bringen.

In schwierigen Fällen hat die zuständige Behörde oder Stelle das Jugendamt über den jugendgefährdenden Ort zu unterrichten.

-

§ 9 Alkoholische Getränke

(1) In Gaststätten, Verkaufsstellen oder sonst in der Öffentlichkeit dürfen

1.

Branntwein, branntweinhaltige Getränke oder Lebensmittel, die Branntwein in nicht nur geringfügiger Menge enthalten, an Kinder und Jugendliche,

2.

andere alkoholische Getränke an Kinder und Jugendliche unter 16 Jahren

weder abgegeben noch darf ihnen der Verzehr gestattet werden.

(2) Absatz 1 Nr. 2 gilt nicht, wenn Jugendliche von einer personensorgeberechtigten Person begleitet werden.

(3) In der Öffentlichkeit dürfen alkoholische Getränke nicht in Automaten angeboten werden. Dies gilt nicht, wenn ein Automat

1.

an einem für Kinder und Jugendliche unzugänglichen Ort aufgestellt ist oder

2.

in einem gewerblich genutzten Raum aufgestellt und durch technische Vorrichtungen oder durch ständige Aufsicht sichergestellt ist, dass Kinder und Jugendliche alkoholische Getränke nicht entnehmen können.

§ 20 Nr. 1 des Gaststättengesetzes bleibt unberührt.

(4) Alkoholhaltige Süßgetränke im Sinne des § 1 Abs. 2 und 3 des Alkopopsteuergesetzes dürfen gewerbsmäßig nur mit dem Hinweis "Abgabe an Personen unter 18 Jahren verboten, § 9 Jugendschutzgesetz" in den Verkehr gebracht werden. Dieser Hinweis ist auf der Fertigpackung in der gleichen Schriftart und in der gleichen

Größe und Farbe wie die Marken- oder Phantasienamen oder, soweit nicht vorhanden, wie die Verkehrsbezeichnung zu halten und bei Flaschen auf dem Frontetikett anzubringen.

-

§ 10 Rauchen in der Öffentlichkeit, Tabakwaren

(1) In Gaststätten, Verkaufsstellen oder sonst in der Öffentlichkeit dürfen Tabakwaren an Kinder oder Jugendliche weder abgegeben noch darf ihnen das Rauchen gestattet werden.

(2) In der Öffentlichkeit dürfen Tabakwaren nicht in Automaten angeboten werden. Dies gilt nicht, wenn ein Automat

1.

an einem Kindern und Jugendlichen unzugänglichen Ort aufgestellt ist oder

2.

durch technische Vorrichtungen oder durch ständige Aufsicht sichergestellt ist, dass Kinder und Jugendliche Tabakwaren nicht entnehmen können.

Abschnitt 3
Jugendschutz im Bereich der Medien

Unterabschnitt 1
Trägermedien

-

11

§ 11 Filmveranstaltungen

(1) Die Anwesenheit bei öffentlichen Filmveranstaltungen darf Kindern und Jugendlichen nur gestattet werden, wenn die Filme von der obersten Landesbehörde oder einer Organisation der freiwilligen Selbstkontrolle im Rahmen des Verfahrens nach § 14 Abs. 6 zur Vorführung vor ihnen freigegeben worden sind oder wenn es sich um Informations-, Instruktions- und Lehrfilme handelt, die vom Anbieter mit "Infoprogramm" oder "Lehrprogramm" gekennzeichnet sind.

(2) Abweichend von Absatz 1 darf die Anwesenheit bei öffentlichen Filmveranstaltungen mit Filmen, die für Kinder und Jugendliche ab zwölf Jahren freigegeben und gekennzeichnet sind, auch Kindern ab sechs Jahren gestattet werden, wenn sie von einer personensorgeberechtigten Person begleitet sind.

(3) Unbeschadet der Voraussetzungen des Absatzes 1 darf die Anwesenheit bei öffentlichen Filmveranstaltungen nur mit Begleitung einer personensorgeberechtigten oder erziehungsbeauftragten Person gestattet werden

1.

Kindern unter sechs Jahren,

2.

Kindern ab sechs Jahren, wenn die Vorführung nach 20 Uhr beendet ist,

3.

Jugendlichen unter 16 Jahren, wenn die Vorführung nach 22 Uhr beendet ist,

4.

Jugendlichen ab 16 Jahren, wenn die Vorführung nach 24 Uhr beendet ist.

(4) Die Absätze 1 bis 3 gelten für die öffentliche Vorführung von Filmen unabhängig von der Art der Aufzeichnung und Wiedergabe. Sie gelten auch für Werbevorspanne und Beiprogramme. Sie gelten nicht für Filme, die zu nichtgewerblichen Zwecken hergestellt werden, solange die Filme nicht gewerblich genutzt werden.

(5) Werbefilme oder Werbeprogramme, die für Tabakwaren oder alkoholische Getränke werben, dürfen unbeschadet der Voraussetzungen der Absätze 1 bis 4 nur nach 18 Uhr vorgeführt werden.

-

§ 12 Bildträger mit Filmen oder Spielen

(1) Bespielte Videokassetten und andere zur Weitergabe geeignete, für die Wiedergabe auf oder das Spiel an Bildschirmgeräten mit Filmen oder Spielen programmierte Datenträger (Bildträger) dürfen einem Kind oder einer jugendlichen Person in der Öffentlichkeit nur zugänglich gemacht werden, wenn die Programme von der obersten Landesbehörde oder einer Organisation der freiwilligen Selbstkontrolle im Rahmen des Verfahrens nach § 14 Abs. 6 für ihre Altersstufe freigegeben und gekennzeichnet worden sind oder wenn es sich um Informations-, Instruktions- und Lehrprogramme handelt, die vom Anbieter mit "Infoprogramm" oder "Lehrprogramm" gekennzeichnet sind.

13

(2) Auf die Kennzeichnungen nach Absatz 1 ist auf dem Bildträger und der Hülle mit einem deutlich sichtbaren Zeichen hinzuweisen. Das Zeichen ist auf der Frontseite der Hülle links unten auf einer Fläche von mindestens 1.200 Quadratmillimetern und dem Bildträger auf einer Fläche von mindestens 250 Quadratmillimetern anzubringen. Die oberste Landesbehörde kann

1.

Näheres über Inhalt, Größe, Form, Farbe und Anbringung der Zeichen anordnen und

2.

Ausnahmen für die Anbringung auf dem Bildträger oder der Hülle genehmigen.

Anbieter von Telemedien, die Filme, Film- und Spielprogramme verbreiten, müssen auf eine vorhandene Kennzeichnung in ihrem Angebot deutlich hinweisen.

(3) Bildträger, die nicht oder mit "Keine Jugendfreigabe" nach § 14 Abs. 2 von der obersten Landesbehörde oder einer Organisation der freiwilligen Selbstkontrolle im Rahmen des Verfahrens nach § 14 Abs. 6 oder nach § 14 Abs. 7 vom Anbieter gekennzeichnet sind, dürfen

1.

einem Kind oder einer jugendlichen Person nicht angeboten, überlassen oder sonst zugänglich gemacht werden,

2.

nicht im Einzelhandel außerhalb von Geschäftsräumen, in Kiosken oder anderen Verkaufsstellen, die Kunden nicht zu betreten

14

pflegen, oder im Versandhandel angeboten oder überlassen werden.

(4) Automaten zur Abgabe bespielter Bildträger dürfen

1.

auf Kindern oder Jugendlichen zugänglichen öffentlichen Verkehrsflächen,

2.

außerhalb von gewerblich oder in sonstiger Weise beruflich oder geschäftlich genutzten Räumen oder

3.

in deren unbeaufsichtigten Zugängen, Vorräumen oder Fluren nur aufgestellt werden, wenn ausschließlich nach § 14 Abs. 2 Nr. 1 bis 4 gekennzeichnete Bildträger angeboten werden und durch technische Vorkehrungen gesichert ist, dass sie von Kindern und Jugendlichen, für deren Altersgruppe ihre Programme nicht nach § 14 Abs. 2 Nr. 1 bis 4 freigegeben sind, nicht bedient werden können.

(5) Bildträger, die Auszüge von Film- und Spielprogrammen enthalten, dürfen abweichend von den Absätzen 1 und 3 im Verbund mit periodischen Druckschriften nur vertrieben werden, wenn sie mit einem Hinweis des Anbieters versehen sind, der deutlich macht, dass eine Organisation der freiwilligen Selbstkontrolle festgestellt hat, dass diese Auszüge keine Jugendbeeinträchtigungen enthalten. Der Hinweis ist sowohl auf der periodischen Druckschrift als auch auf dem Bildträger vor dem Vertrieb mit einem deutlich sichtbaren Zeichen anzubringen. Absatz 2 Satz 1 bis 3 gilt entsprechend. Die Berechtigung nach Satz 1 kann die oberste Landesbehörde für einzelne Anbieter ausschließen.

15

§ 13 Bildschirmspielgeräte

(1) Das Spielen an elektronischen Bildschirmspielgeräten ohne Gewinnmöglichkeit, die öffentlich aufgestellt sind, darf Kindern und Jugendlichen ohne Begleitung einer personensorgeberechtigten oder erziehungsbeauftragten Person nur gestattet werden, wenn die Programme von der obersten Landesbehörde oder einer Organisation der freiwilligen Selbstkontrolle im Rahmen des Verfahrens nach § 14 Abs. 6 für ihre Altersstufe freigegeben und gekennzeichnet worden sind oder wenn es sich um Informations-, Instruktions- oder Lehrprogramme handelt, die vom Anbieter mit "Infoprogramm" oder "Lehrprogramm" gekennzeichnet sind.

(2) Elektronische Bildschirmspielgeräte dürfen

1.

auf Kindern oder Jugendlichen zugänglichen öffentlichen Verkehrsflächen,

2.

außerhalb von gewerblich oder in sonstiger Weise beruflich oder geschäftlich genutzten Räumen oder

3.

in deren unbeaufsichtigten Zugängen, Vorräumen oder Fluren nur aufgestellt werden, wenn ihre Programme für Kinder ab sechs Jahren freigegeben und gekennzeichnet oder nach § 14 Abs. 7 mit "Infoprogramm" oder "Lehrprogramm" gekennzeichnet sind.

(3) Auf das Anbringen der Kennzeichnungen auf Bildschirmspielgeräten findet § 12 Abs. 2 Satz 1 bis 3 entsprechende Anwendung.

-

§ 14 Kennzeichnung von Filmen und Film- und Spielprogrammen

(1) Filme sowie Film- und Spielprogramme, die geeignet sind, die Entwicklung von Kindern und Jugendlichen oder ihre Erziehung zu einer eigenverantwortlichen und gemeinschaftsfähigen Persönlichkeit zu beeinträchtigen, dürfen nicht für ihre Altersstufe freigegeben werden.

(2) Die oberste Landesbehörde oder eine Organisation der freiwilligen Selbstkontrolle im Rahmen des Verfahrens nach Absatz 6 kennzeichnet die Filme und die Film- und Spielprogramme mit

1.

"Freigegeben ohne Altersbeschränkung",

2.

"Freigegeben ab sechs Jahren",

3.

"Freigegeben ab zwölf Jahren",

4.

"Freigegeben ab sechzehn Jahren",

5.

"Keine Jugendfreigabe".

(3) Hat ein Trägermedium nach Einschätzung der obersten

Landesbehörde oder einer Organisation der freiwilligen Selbstkontrolle im Rahmen des Verfahrens nach Absatz 6 einen der in § 15 Abs. 2 Nr. 1 bis 5 bezeichneten Inhalte oder ist es in die Liste nach § 18 aufgenommen, wird es nicht gekennzeichnet. Die oberste Landesbehörde hat Tatsachen, die auf einen Verstoß gegen § 15 Abs. 1 schließen lassen, der zuständigen Strafverfolgungsbehörde mitzuteilen.

(4) Ist ein Programm für Bildträger oder Bildschirmspielgeräte mit einem in die Liste nach § 18 aufgenommenen Trägermedium ganz oder im Wesentlichen inhaltsgleich, wird es nicht gekennzeichnet. Das Gleiche gilt, wenn die Voraussetzungen für eine Aufnahme in die Liste vorliegen. In Zweifelsfällen führt die oberste Landesbehörde oder eine Organisation der freiwilligen Selbstkontrolle im Rahmen des Verfahrens nach Absatz 6 eine Entscheidung der Bundesprüfstelle für jugendgefährdende Medien herbei.

(5) Die Kennzeichnungen von Filmprogrammen für Bildträger und Bildschirmspielgeräte gelten auch für die Vorführung in öffentlichen Filmveranstaltungen und für die dafür bestimmten, inhaltsgleichen Filme. Die Kennzeichnungen von Filmen für öffentliche Filmveranstaltungen können auf inhaltsgleiche Filmprogramme für Bildträger und Bildschirmspielgeräte übertragen werden; Absatz 4 gilt entsprechend.

(6) Die obersten Landesbehörden können ein gemeinsames Verfahren für die Freigabe und Kennzeichnung der Filme sowie Film- und Spielprogramme auf der Grundlage der Ergebnisse der Prüfung durch von Verbänden der Wirtschaft getragene oder unterstützte

Organisationen freiwilliger Selbstkontrolle vereinbaren. Im Rahmen dieser Vereinbarung kann bestimmt werden, dass die Freigaben und Kennzeichnungen durch eine Organisation der freiwilligen Selbstkontrolle Freigaben und Kennzeichnungen der obersten Landesbehörden aller Länder sind, soweit nicht eine oberste Landesbehörde für ihren Bereich eine abweichende Entscheidung trifft.

(7) Filme, Film- und Spielprogramme zu Informations-, Instruktions- oder Lehrzwecken dürfen vom Anbieter mit "Infoprogramm" oder "Lehrprogramm" nur gekennzeichnet werden, wenn sie offensichtlich nicht die Entwicklung oder Erziehung von Kindern und Jugendlichen beeinträchtigen. Die Absätze 1 bis 5 finden keine Anwendung. Die oberste Landesbehörde kann das Recht zur Anbieterkennzeichnung für einzelne Anbieter oder für besondere Film- und Spielprogramme ausschließen und durch den Anbieter vorgenommene Kennzeichnungen aufheben.

(8) Enthalten Filme, Bildträger oder Bildschirmspielgeräte neben den zu kennzeichnenden Film- oder Spielprogrammen Titel, Zusätze oder weitere Darstellungen in Texten, Bildern oder Tönen, bei denen in Betracht kommt, dass sie die Entwicklung oder Erziehung von Kindern oder Jugendlichen beeinträchtigen, so sind diese bei der Entscheidung über die Kennzeichnung mit zu berücksichtigen.

-

§ 15 Jugendgefährdende Trägermedien

(1) Trägermedien, deren Aufnahme in die Liste jugendgefährdender Medien nach § 24 Abs. 3 Satz 1 bekannt gemacht ist, dürfen nicht

1.

einem Kind oder einer jugendlichen Person angeboten,
überlassen oder sonst zugänglich gemacht werden,

2.

an einem Ort, der Kindern oder Jugendlichen zugänglich ist oder
von ihnen eingesehen werden kann, ausgestellt, angeschlagen,
vorgeführt oder sonst zugänglich gemacht werden,

3.

im Einzelhandel außerhalb von Geschäftsräumen, in Kiosken oder
anderen Verkaufsstellen, die Kunden nicht zu betreten pflegen, im
Versandhandel oder in gewerblichen Leihbüchereien oder
Lesezirkeln einer anderen Person angeboten oder überlassen
werden,

4.

im Wege gewerblicher Vermietung oder vergleichbarer
gewerblicher Gewährung des Gebrauchs, ausgenommen in
Ladengeschäften, die Kindern und Jugendlichen nicht zugänglich
sind und von ihnen nicht eingesehen werden können, einer
anderen Person angeboten oder überlassen werden,

5.

im Wege des Versandhandels eingeführt werden,

6.

öffentlich an einem Ort, der Kindern oder Jugendlichen zugänglich
ist oder von ihnen eingesehen werden kann, oder durch Verbreiten
von Träger- oder Telemedien außerhalb des Geschäftsverkehrs
mit dem einschlägigen Handel angeboten, angekündigt oder

angepriesen werden,

7.

hergestellt, bezogen, geliefert, vorrätig gehalten oder eingeführt werden, um sie oder aus ihnen gewonnene Stücke im Sinne der Nummern 1 bis 6 zu verwenden oder einer anderen Person eine solche Verwendung zu ermöglichen.

(2) Den Beschränkungen des Absatzes 1 unterliegen, ohne dass es einer Aufnahme in die Liste und einer Bekanntmachung bedarf, schwer jugendgefährdende Trägermedien, die

1.

einen der in § 86, § 130, § 130a, § 131, § 184, § 184a, 184b oder § 184c des Strafgesetzbuches bezeichneten Inhalte haben,

2.

den Krieg verherrlichen,

3.

Menschen, die sterben oder schweren körperlichen oder seelischen Leiden ausgesetzt sind oder waren, in einer die Menschenwürde verletzenden Weise darstellen und ein tatsächliches Geschehen wiedergeben, ohne dass ein überwiegendes berechtigtes Interesse gerade an dieser Form der Berichterstattung vorliegt,

3a.

besonders realistische, grausame und reißerische Darstellungen selbstzweckhafter Gewalt beinhalten, die das Geschehen beherrschen,

4.

21

Kinder oder Jugendliche in unnatürlicher, geschlechtsbetonter Körperhaltung darstellen oder

5.

offensichtlich geeignet sind, die Entwicklung von Kindern oder Jugendlichen oder ihre Erziehung zu einer eigenverantwortlichen und gemeinschaftsfähigen Persönlichkeit schwer zu gefährden.

(3) Den Beschränkungen des Absatzes 1 unterliegen auch, ohne dass es einer Aufnahme in die Liste und einer Bekanntmachung bedarf, Trägermedien, die mit einem Trägermedium, dessen Aufnahme in die Liste bekannt gemacht ist, ganz oder im Wesentlichen inhaltsgleich sind.

(4) Die Liste der jugendgefährdenden Medien darf nicht zum Zweck der geschäftlichen Werbung abgedruckt oder veröffentlicht werden.

(5) Bei geschäftlicher Werbung darf nicht darauf hingewiesen werden, dass ein Verfahren zur Aufnahme des Trägermediums oder eines inhaltsgleichen Telemediums in die Liste anhängig ist oder gewesen ist.

(6) Soweit die Lieferung erfolgen darf, haben Gewerbetreibende vor Abgabe an den Handel die Händler auf die Vertriebsbeschränkungen des Absatzes 1 Nr. 1 bis 6 hinzuweisen.

Unterabschnitt 2

Telemedien

§ 16 Sonderregelung für Telemedien

Regelungen zu Telemedien, die in die Liste jugendgefährdender Medien nach § 18 aufgenommen sind, bleiben Landesrecht vorbehalten.

Abschnitt 4
Bundesprüfstelle für jugendgefährdende Medien

-

§ 17 Name und Zuständigkeit

(1) Die Bundesprüfstelle wird vom Bund errichtet. Sie führt den Namen "Bundesprüfstelle für jugendgefährdende Medien".

(2) Über eine Aufnahme in die Liste jugendgefährdender Medien und über Streichungen aus dieser Liste entscheidet die Bundesprüfstelle für jugendgefährdende Medien.

-

§ 18 Liste jugendgefährdender Medien

(1) Träger- und Telemedien, die geeignet sind, die Entwicklung von Kindern oder Jugendlichen oder ihre Erziehung zu einer eigenverantwortlichen und gemeinschaftsfähigen Persönlichkeit zu gefährden, sind von der Bundesprüfstelle für jugendgefährdende Medien in eine Liste jugendgefährdender Medien aufzunehmen. Dazu zählen vor allem unsittliche, verrohend wirkende, zu Gewalttätigkeit, Verbrechen oder Rassenhass anreizende Medien sowie Medien, in

23

denen

1.

Gewalthandlungen wie Mord- und Metzelszenen selbstzweckhaft und detailliert dargestellt werden oder

2.

Selbstjustiz als einzig bewährtes Mittel zur Durchsetzung der vermeintlichen Gerechtigkeit nahe gelegt wird.

(2) Die Liste ist in vier Teilen zu führen.

1.

In Teil A (Öffentliche Liste der Trägermedien) sind alle Trägermedien aufzunehmen, soweit sie nicht den Teilen B, C oder D zuzuordnen sind;

2.

in Teil B (Öffentliche Liste der Trägermedien mit absolutem Verbreitungsverbot) sind, soweit sie nicht Teil D zuzuordnen sind, Trägermedien aufzunehmen, die nach Einschätzung der Bundesprüfstelle für jugendgefährdende Medien einen in § 86, § 130, § 130a, § 131, § 184a, § 184b oder § 184c des Strafgesetzbuches bezeichneten Inhalt haben;

3.

in Teil C (Nichtöffentliche Liste der Medien) sind diejenigen Trägermedien aufzunehmen, die nur deshalb nicht in Teil A aufzunehmen sind, weil bei ihnen von einer Bekanntmachung der Aufnahme in die Liste gemäß § 24 Abs. 3 Satz 2 abzusehen ist, sowie alle Telemedien, soweit sie nicht Teil D zuzuordnen sind;

4.

in Teil D (Nichtöffentliche Liste der Medien mit absolutem Verbreitungsverbot) sind diejenigen Trägermedien, die nur deshalb nicht in Teil B aufzunehmen sind, weil bei ihnen von einer Bekanntmachung der Aufnahme in die Liste gemäß § 24 Abs. 3 Satz 2 abzusehen ist, sowie diejenigen Telemedien aufzunehmen, die nach Einschätzung der Bundesprüfstelle für jugendgefährdende Medien einen in § 86, § 130, § 130a, § 131, § 184a, § 184b oder § 184c des Strafgesetzbuches bezeichneten Inhalt haben.

(3) Ein Medium darf nicht in die Liste aufgenommen werden

1.

allein wegen seines politischen, sozialen, religiösen oder weltanschaulichen Inhalts,

2.

wenn es der Kunst oder der Wissenschaft, der Forschung oder der Lehre dient,

3.

wenn es im öffentlichen Interesse liegt, es sei denn, dass die Art der Darstellung zu beanstanden ist.

(4) In Fällen von geringer Bedeutung kann davon abgesehen werden, ein Medium in die Liste aufzunehmen.

(5) Medien sind in die Liste aufzunehmen, wenn ein Gericht in einer rechtskräftigen Entscheidung festgestellt hat, dass das Medium einen der in § 86, § 130, § 130a, § 131, § 184, § 184a, § 184b oder § 184c des Strafgesetzbuches bezeichneten Inhalte hat.

25

(6) Telemedien sind in die Liste aufzunehmen, wenn die zentrale Aufsichtsstelle der Länder für den Jugendmedienschutz die Aufnahme in die Liste beantragt hat; es sei denn, der Antrag ist offensichtlich unbegründet oder im Hinblick auf die Spruchpraxis der Bundesprüfstelle für jugendgefährdende Medien unvertretbar.

(7) Medien sind aus der Liste zu streichen, wenn die Voraussetzungen für eine Aufnahme nicht mehr vorliegen. Nach Ablauf von 25 Jahren verliert eine Aufnahme in die Liste ihre Wirkung.

(8) Auf Filme, Film- und Spielprogramme, die nach § 14 Abs. 2 Nr. 1 bis 5 gekennzeichnet sind, findet Absatz 1 keine Anwendung. Absatz 1 ist außerdem nicht anzuwenden, wenn die zentrale Aufsichtsstelle der Länder für den Jugendmedienschutz über das Telemedium zuvor eine Entscheidung dahin gehend getroffen hat, dass die Voraussetzungen für die Aufnahme in die Liste jugendgefährdender Medien nach Absatz 1 nicht vorliegen. Hat eine anerkannte Einrichtung der Selbstkontrolle das Telemedium zuvor bewertet, so findet Absatz 1 nur dann Anwendung, wenn die zentrale Aufsichtsstelle der Länder für den Jugendmedienschutz die Voraussetzungen für die Aufnahme in die Liste jugendgefährdender Medien nach Absatz 1 für gegeben hält.

-

§ 19 Personelle Besetzung

(1) Die Bundesprüfstelle für jugendgefährdende Medien besteht aus einer oder einem von dem Bundesministerium für Familie, Senioren, Frauen und Jugend ernannten Vorsitzenden, je einer oder einem von jeder Landesregierung zu ernennenden Beisitzerin oder Beisitzer und

weiteren von dem Bundesministerium für Familie, Senioren, Frauen und Jugend zu ernennenden Beisitzerinnen oder Beisitzern. Für die Vorsitzende oder den Vorsitzenden und die Beisitzerinnen oder Beisitzer ist mindestens je eine Stellvertreterin oder ein Stellvertreter zu ernennen. Die jeweilige Landesregierung kann ihr Ernennungsrecht nach Absatz 1 auf eine oberste Landesbehörde übertragen.

(2) Die von dem Bundesministerium für Familie, Senioren, Frauen und Jugend zu ernennenden Beisitzerinnen und Beisitzer sind den Kreisen

1.

    der Kunst,

2.

    der Literatur,

3.

    des Buchhandels und der Verlegerschaft,

4.

    der Anbieter von Bildträgern und von Telemedien,

5.

    der Träger der freien Jugendhilfe,

6.

    der Träger der öffentlichen Jugendhilfe,

7.

    der Lehrerschaft und

8.

    der Kirchen, der jüdischen Kultusgemeinden und anderer Religionsgemeinschaften, die Körperschaften des öffentlichen Rechts sind, auf Vorschlag der genannten Gruppen zu entnehmen. Dem Buchhandel und der Verlegerschaft sowie dem Anbieter von Bildträgern und von Telemedien stehen diejenigen Kreise gleich, die eine vergleichbare Tätigkeit bei der Auswertung und beim Vertrieb der Medien unabhängig von der Art der Aufzeichnung und der Wiedergabe ausüben.

(3) Die oder der Vorsitzende und die Beisitzerinnen oder Beisitzer werden auf die Dauer von drei Jahren bestimmt. Sie können von der Stelle, die sie bestimmt hat, vorzeitig abberufen werden, wenn sie der Verpflichtung zur Mitarbeit in der Bundesprüfstelle für jugendgefährdende Medien nicht nachkommen.

(4) Die Mitglieder der Bundesprüfstelle für jugendgefährdende Medien sind an Weisungen nicht gebunden.

(5) Die Bundesprüfstelle für jugendgefährdende Medien entscheidet in der Besetzung von zwölf Mitgliedern, die aus der oder dem Vorsitzenden, drei Beisitzerinnen oder Beisitzern der Länder und je einer Beisitzerin oder einem Beisitzer aus den in Absatz 2 genannten Gruppen bestehen. Erscheinen zur Sitzung einberufene Beisitzerinnen oder Beisitzer oder ihre Stellvertreterinnen oder Stellvertreter nicht, so ist die Bundesprüfstelle für jugendgefährdende Medien auch in einer Besetzung von mindestens neun Mitgliedern beschlussfähig, von denen mindestens zwei den in Absatz 2 Nr. 1 bis 4 genannten Gruppen angehören müssen.

(6) Zur Anordnung der Aufnahme in die Liste bedarf es einer Mehrheit von zwei Dritteln der an der Entscheidung mitwirkenden Mitglieder der Bundesprüfstelle für jugendgefährdende Medien. In der Besetzung des

Absatzes 5 Satz 2 ist für die Listenaufnahme eine Mindestzahl von sieben Stimmen erforderlich.

-

§ 20 Vorschlagsberechtigte Verbände

(1) Das Vorschlagsrecht nach § 19 Abs. 2 wird innerhalb der nachfolgenden Kreise durch folgende Organisationen für je eine Beisitzerin oder einen Beisitzer und eine Stellvertreterin oder einen Stellvertreter ausgeübt:

1.

 für die Kreise der Kunst durch
 Deutscher Kulturrat,
 Bund Deutscher Kunsterzieher e. V.,
 Künstlergilde e. V.,
 Bund Deutscher Grafik-Designer,

2.

 für die Kreise der Literatur durch
 Verband deutscher Schriftsteller,
 Freier Deutscher Autorenverband,
 Deutscher Autorenverband e. V.,
 PEN-Zentrum,

3.

 für die Kreise des Buchhandels und der Verlegerschaft durch
 Börsenverein des Deutschen Buchhandels e. V.,
 Verband Deutscher Bahnhofsbuchhändler,

Bundesverband Deutscher Buch-, Zeitungs- und
Zeitschriftengrossisten e. V.,

Bundesverband Deutscher Zeitungsverleger e. V.,

Verband Deutscher Zeitschriftenverleger e. V.,

Börsenverein des Deutschen Buchhandels e. V. -
Verlegerausschuss,

Arbeitsgemeinschaft der Zeitschriftenverlage (AGZV) im
Börsenverein des Deutschen Buchhandels,

4.

für die Kreise der Anbieter von Bildträgern und von Telemedien
durch

Bundesverband Video,

Verband der Unterhaltungssoftware Deutschland e. V.,

Spitzenorganisation der Filmwirtschaft e. V.,

Bundesverband Informationswirtschaft, Telekommunikation und
neue Medien e. V.,

Deutscher Multimedia Verband e. V.,

Electronic Commerce Organisation e. V.,

Verband der Deutschen Automatenindustrie e. V.,

IVD Interessengemeinschaft der Videothekare Deutschlands e. V.,

5.

für die Kreise der Träger der freien Jugendhilfe durch

Bundesarbeitsgemeinschaft der Freien Wohlfahrtspflege,

Deutscher Bundesjugendring,

Deutsche Sportjugend,

Bundesarbeitsgemeinschaft Kinder- und Jugendschutz (BAJ) e. V.,

6.

    für die Kreise der Träger der öffentlichen Jugendhilfe durch

    Deutscher Landkreistag,

    Deutscher Städtetag,

    Deutscher Städte- und Gemeindebund,

7.

    für die Kreise der Lehrerschaft durch

    Gewerkschaft Erziehung u. Wissenschaft im Deutschen

    Gewerkschaftsbund,

    Deutscher Lehrerverband,

    Verband Bildung und Erziehung,

    Verein Katholischer deutscher Lehrerinnen und

8.

    für die Kreise der in § 19 Abs. 2 Nr. 8 genannten Körperschaften

    des öffentlichen Rechts durch

    Bevollmächtigter des Rates der EKD am Sitz der Bundesrepublik

    Deutschland,

    Kommissariat der deutschen Bischöfe - Katholisches Büro in

    Berlin,

    Zentralrat der Juden in Deutschland.

Für jede Organisation, die ihr Vorschlagsrecht ausübt, ist eine Beisitzerin oder ein Beisitzer und eine stellvertretende Beisitzerin oder ein stellvertretender Beisitzer zu ernennen. Reicht eine der in Satz 1 genannten Organisationen mehrere Vorschläge ein, wählt das Bundesministerium für Familie, Senioren, Frauen und Jugend eine Beisitzerin oder einen Beisitzer aus.

31

(2) Für die in § 19 Abs. 2 genannten Gruppen können Beisitzerinnen oder Beisitzer und stellvertretende Beisitzerinnen und Beisitzer auch durch namentlich nicht bestimmte Organisationen vorgeschlagen werden. Das Bundesministerium für Familie, Senioren, Frauen und Jugend fordert im Januar jedes Jahres im Bundesanzeiger dazu auf, innerhalb von sechs Wochen derartige Vorschläge einzureichen. Aus den fristgerecht eingegangenen Vorschlägen hat es je Gruppe je eine zusätzliche Beisitzerin oder einen zusätzlichen Beisitzer und eine stellvertretende Beisitzerin oder einen stellvertretenden Beisitzer zu ernennen. Vorschläge von Organisationen, die kein eigenes verbandliches Gewicht besitzen oder eine dauerhafte Tätigkeit nicht erwarten lassen, sind nicht zu berücksichtigen. Zwischen den Vorschlägen mehrerer Interessenten entscheidet das Los, sofern diese sich nicht auf einen Vorschlag einigen; Absatz 1 Satz 3 gilt entsprechend. Sofern es unter Berücksichtigung der Geschäftsbelastung der Bundesprüfstelle für jugendgefährdende Medien erforderlich erscheint und sofern die Vorschläge der innerhalb einer Gruppe namentlich bestimmten Organisationen zahlenmäßig nicht ausreichen, kann das Bundesministerium für Familie, Senioren, Frauen und Jugend auch mehrere Beisitzerinnen oder Beisitzer und stellvertretende Beisitzerinnen oder Beisitzer ernennen; Satz 5 gilt entsprechend.

-

§ 21 Verfahren

(1) Die Bundesprüfstelle für jugendgefährdende Medien wird in der

Regel auf Antrag tätig.

(2) Antragsberechtigt sind das Bundesministerium für Familie, Senioren, Frauen und Jugend, die obersten Landesjugendbehörden, die zentrale Aufsichtsstelle der Länder für den Jugendmedienschutz, die Landesjugendämter, die Jugendämter sowie für den Antrag auf Streichung aus der Liste und für den Antrag auf Feststellung, dass ein Medium nicht mit einem bereits in die Liste aufgenommenen Medium ganz oder im Wesentlichen inhaltsgleich ist, auch die in Absatz 7 genannten Personen.

(3) Kommt eine Listenaufnahme oder eine Streichung aus der Liste offensichtlich nicht in Betracht, so kann die oder der Vorsitzende das Verfahren einstellen.

(4) Die Bundesprüfstelle für jugendgefährdende Medien wird von Amts wegen tätig, wenn eine in Absatz 2 nicht genannte Behörde oder ein anerkannter Träger der freien Jugendhilfe dies anregt und die oder der Vorsitzende der Bundesprüfstelle für jugendgefährdende Medien die Durchführung des Verfahrens im Interesse des Jugendschutzes für geboten hält.

(5) Die Bundesprüfstelle für jugendgefährdende Medien wird auf Veranlassung der oder des Vorsitzenden von Amts wegen tätig,

1.

wenn zweifelhaft ist, ob ein Medium mit einem bereits in die Liste aufgenommenen Medium ganz oder im Wesentlichen inhaltsgleich ist,

2.

wenn bekannt wird, dass die Voraussetzungen für die Aufnahme eines Mediums in die Liste nach § 18 Abs. 7 Satz 1 nicht mehr vorliegen, oder

3.

wenn die Aufnahme in die Liste nach § 18 Abs. 7 Satz 2 wirkungslos wird und weiterhin die Voraussetzungen für die Aufnahme in die Liste vorliegen.

(6) Vor der Entscheidung über die Aufnahme eines Telemediums in die Liste hat die Bundesprüfstelle für jugendgefährdende Medien der zentralen Aufsichtsstelle der Länder für den Jugendmedienschutz Gelegenheit zu geben, zu dem Telemedium unverzüglich Stellung zu nehmen. Die Stellungnahme hat die Bundesprüfstelle für jugendgefährdende Medien bei ihrer Entscheidung maßgeblich zu berücksichtigen. Soweit der Bundesprüfstelle für jugendgefährdende Medien eine Stellungnahme der zentralen Aufsichtsstelle der Länder für den Jugendmedienschutz innerhalb von fünf Werktagen nach Aufforderung nicht vorliegt, kann sie ohne diese Stellungnahme entscheiden.

(7) Der Urheberin oder dem Urheber, der Inhaberin oder dem Inhaber der Nutzungsrechte sowie bei Telemedien dem Anbieter ist Gelegenheit zur Stellungnahme zu geben.

(8) Die Entscheidungen sind

1.

bei Trägermedien der Urheberin oder dem Urheber sowie der Inhaberin oder dem Inhaber der Nutzungsrechte,

2.

bei Telemedien der Urheberin oder dem Urheber sowie dem

34

Anbieter,

3.

der antragstellenden Behörde,

4.

dem Bundesministerium für Familie, Senioren, Frauen und
Jugend, den obersten Landesjugendbehörden und der zentralen
Aufsichtsstelle der Länder für den Jugendmedienschutz

zuzustellen. Sie hat die sich aus der Entscheidung ergebenden
Verbreitungs- und Werbebeschränkungen im Einzelnen aufzuführen.
Die Begründung ist beizufügen oder innerhalb einer Woche durch
Zustellung nachzureichen.

(9) Die Bundesprüfstelle für jugendgefährdende Medien soll mit der
zentralen Aufsichtsstelle der Länder für den Jugendmedienschutz
zusammenarbeiten und einen regelmäßigen Informationsaustausch
pflegen.

(10) Die Bundesprüfstelle für jugendgefährdende Medien kann ab dem
1. Januar 2004 für Verfahren, die auf Antrag der in Absatz 7 genannten
Personen eingeleitet werden und die auf die Entscheidung gerichtet
sind, dass ein Medium

1.

nicht mit einem bereits in die Liste für jugendgefährdende Medien
aufgenommenen Medium ganz oder im Wesentlichen inhaltsgleich
ist oder

2.

aus der Liste für jugendgefährdende Medien zu streichen ist,
Gebühren und Auslagen erheben. Das Bundesministerium für Familie,

Senioren, Frauen und Jugend wird ermächtigt, durch Rechtsverordnung mit Zustimmung des Bundesrates die gebührenpflichtigen Tatbestände und die Gebührensätze näher zu bestimmen.

-

§ 22 Aufnahme von periodischen Trägermedien und Telemedien

(1) Periodisch erscheinende Trägermedien können auf die Dauer von drei bis zwölf Monaten in die Liste jugendgefährdender Medien aufgenommen werden, wenn innerhalb von zwölf Monaten mehr als zwei ihrer Folgen in die Liste aufgenommen worden sind. Dies gilt nicht für Tageszeitungen und politische Zeitschriften.

(2) Telemedien können auf die Dauer von drei bis zwölf Monaten in die Liste jugendgefährdender Medien aufgenommen werden, wenn innerhalb von zwölf Monaten mehr als zwei ihrer Angebote in die Liste aufgenommen worden sind. Absatz 1 Satz 2 gilt entsprechend.

-

§ 23 Vereinfachtes Verfahren

(1) Die Bundesprüfstelle für jugendgefährdende Medien kann im vereinfachten Verfahren in der Besetzung durch die oder den Vorsitzenden und zwei weiteren Mitgliedern, von denen eines den in § 19 Abs. 2 Nr. 1 bis 4 genannten Gruppen angehören muss, einstimmig entscheiden, wenn das Medium offensichtlich geeignet ist, die Entwicklung von Kindern oder Jugendlichen oder ihre Erziehung zu

einer eigenverantwortlichen und gemeinschaftsfähigen Persönlichkeit zu gefährden. Kommt eine einstimmige Entscheidung nicht zustande, entscheidet die Bundesprüfstelle für jugendgefährdende Medien in voller Besetzung (§ 19 Abs. 5).

(2) Eine Aufnahme in die Liste nach § 22 ist im vereinfachten Verfahren nicht möglich.

(3) Gegen die Entscheidung können die Betroffenen (§ 21 Abs. 7) innerhalb eines Monats nach Zustellung Antrag auf Entscheidung durch die Bundesprüfstelle für jugendgefährdende Medien in voller Besetzung stellen.

(4) Nach Ablauf von zehn Jahren seit Aufnahme eines Mediums in die Liste kann die Bundesprüfstelle für jugendgefährdende Medien die Streichung aus der Liste unter der Voraussetzung des § 21 Abs. 5 Nr. 2 im vereinfachten Verfahren beschließen.

(5) Wenn die Gefahr besteht, dass ein Träger- oder Telemedium kurzfristig in großem Umfange vertrieben, verbreitet oder zugänglich gemacht wird und die endgültige Listenaufnahme offensichtlich zu erwarten ist, kann die Aufnahme in die Liste im vereinfachten Verfahren vorläufig angeordnet werden. Absatz 2 gilt entsprechend.

(6) Die vorläufige Anordnung ist mit der abschließenden Entscheidung der Bundesprüfstelle für jugendgefährdende Medien, jedoch spätestens nach Ablauf eines Monats, aus der Liste zu streichen. Die Frist des Satzes 1 kann vor ihrem Ablauf um höchstens einen Monat verlängert werden. Absatz 1 gilt entsprechend. Soweit die vorläufige Anordnung im Bundesanzeiger bekannt zu machen ist, gilt dies auch für die Verlängerung.

§ 24 Führung der Liste jugendgefährdender Medien

(1) Die Liste jugendgefährdender Medien wird von der oder dem Vorsitzenden der Bundesprüfstelle für jugendgefährdende Medien geführt.

(2) Entscheidungen über die Aufnahme in die Liste oder über Streichungen aus der Liste sind unverzüglich auszuführen. Die Liste ist unverzüglich zu korrigieren, wenn Entscheidungen der Bundesprüfstelle für jugendgefährdende Medien aufgehoben werden oder außer Kraft treten.

(3) Wird ein Trägermedium in die Liste aufgenommen oder aus ihr gestrichen, so ist dies unter Hinweis auf die zugrunde liegende Entscheidung im Bundesanzeiger bekannt zu machen. Von der Bekanntmachung ist abzusehen, wenn das Trägermedium lediglich durch Telemedien verbreitet wird oder wenn anzunehmen ist, dass die Bekanntmachung der Wahrung des Jugendschutzes schaden würde.

(4) Wird ein Medium in Teil B oder D der Liste jugendgefährdender Medien aufgenommen, so hat die oder der Vorsitzende dies der zuständigen Strafverfolgungsbehörde mitzuteilen. Wird durch rechtskräftiges Urteil festgestellt, dass sein Inhalt den in Betracht kommenden Tatbestand des Strafgesetzbuches nicht verwirklicht, ist das Medium in Teil A oder C der Liste aufzunehmen. Die oder der Vorsitzende führt eine erneute Entscheidung der Bundesprüfstelle für jugendgefährdende Medien herbei, wenn in Betracht kommt, dass das Medium aus der Liste zu streichen ist.

(5) Wird ein Telemedium in die Liste jugendgefährdender Medien aufgenommen und ist die Tat im Ausland begangen worden, so soll die oder der Vorsitzende dies den im Bereich der Telemedien anerkannten Einrichtungen der Selbstkontrolle zum Zweck der Aufnahme in nutzerautonome Filterprogramme mitteilen. Die Mitteilung darf nur zum Zweck der Aufnahme in nutzerautonome Filterprogramme verwandt werden.

\-

§ 25 Rechtsweg

(1) Für Klagen gegen eine Entscheidung der Bundesprüfstelle für jugendgefährdende Medien, ein Medium in die Liste jugendgefährdender Medien aufzunehmen oder einen Antrag auf Streichung aus der Liste abzulehnen, ist der Verwaltungsrechtsweg gegeben.

(2) Gegen eine Entscheidung der Bundesprüfstelle für jugendgefährdende Medien, ein Medium nicht in die Liste jugendgefährdender Medien aufzunehmen, sowie gegen eine Einstellung des Verfahrens kann die antragstellende Behörde im Verwaltungsrechtsweg Klage erheben.

(3) Die Klage ist gegen den Bund, vertreten durch die Bundesprüfstelle für jugendgefährdende Medien, zu richten.

(4) Die Klage hat keine aufschiebende Wirkung. Vor Erhebung der Klage bedarf es keiner Nachprüfung in einem Vorverfahren, bei einer Entscheidung im vereinfachten Verfahren nach § 23 ist jedoch zunächst eine Entscheidung der Bundesprüfstelle für

jugendgefährdende Medien in der Besetzung nach § 19 Abs. 5 herbeizuführen.

Abschnitt 5

Verordnungsermächtigung

§ 26 Verordnungsermächtigung

Die Bundesregierung wird ermächtigt, durch Rechtsverordnung mit Zustimmung des Bundesrates Näheres über den Sitz und das Verfahren der Bundesprüfstelle für jugendgefährdende Medien und die Führung der Liste jugendgefährdender Medien zu regeln.

Abschnitt 6

Ahndung von Verstößen

§ 27 Strafvorschriften

(1) Mit Freiheitsstrafe bis zu einem Jahr oder mit Geldstrafe wird bestraft, wer

1.

entgegen § 15 Abs. 1 Nr. 1 bis 5 oder 6, jeweils auch in Verbindung mit Abs. 2, ein Trägermedium anbietet, überlässt, zugänglich macht, ausstellt, anschlägt, vorführt, einführt, ankündigt oder anpreist,

2.

entgegen § 15 Abs. 1 Nr. 7, auch in Verbindung mit Abs. 2, ein Trägermedium herstellt, bezieht, liefert, vorrätig hält oder einführt,

3.

entgegen § 15 Abs. 4 die Liste der jugendgefährdenden Medien abdruckt oder veröffentlicht,

4.

entgegen § 15 Abs. 5 bei geschäftlicher Werbung einen dort genannten Hinweis gibt oder

5.

einer vollziehbaren Entscheidung nach § 21 Abs. 8 Satz 1 Nr. 1 zuwiderhandelt.

(2) Ebenso wird bestraft, wer als Veranstalter oder Gewerbetreibender

1.

eine in § 28 Abs. 1 Nr. 4 bis 18 oder 19 bezeichnete vorsätzliche Handlung begeht und dadurch wenigstens leichtfertig ein Kind oder eine jugendliche Person in der körperlichen, geistigen oder sittlichen Entwicklung schwer gefährdet oder

2.

eine in § 28 Abs. 1 Nr. 4 bis 18 oder 19 bezeichnete vorsätzliche Handlung aus Gewinnsucht begeht oder beharrlich wiederholt.

(3) Wird die Tat in den Fällen

1.

des Absatzes 1 Nr. 1 oder

2.

des Absatzes 1 Nr. 3, 4 oder 5

fahrlässig begangen, so ist die Strafe Freiheitsstrafe bis zu sechs Monaten oder Geldstrafe bis zu hundertachtzig Tagessätzen.

(4) Absatz 1 Nr. 1 und 2 und Absatz 3 Nr. 1 sind nicht anzuwenden, wenn eine personensorgeberechtigte Person das Medium einem Kind oder einer jugendlichen Person anbietet, überlässt oder zugänglich macht. Dies gilt nicht, wenn die personensorgeberechtigte Person durch das Anbieten, Überlassen oder Zugänglichmachen ihre Erziehungspflicht gröblich verletzt.

-

§ 28 Bußgeldvorschriften

(1) Ordnungswidrig handelt, wer als Veranstalter oder Gewerbetreibender vorsätzlich oder fahrlässig

1.

    entgegen § 3 Abs. 1 die für seine Betriebseinrichtung oder Veranstaltung geltenden Vorschriften nicht, nicht richtig oder nicht in der vorgeschriebenen Weise bekannt macht,

2.

    entgegen § 3 Abs. 2 Satz 1 eine Kennzeichnung verwendet,

3.

    entgegen § 3 Abs. 2 Satz 2 einen Hinweis nicht, nicht richtig oder nicht rechtzeitig gibt,

4.

    entgegen § 3 Abs. 2 Satz 3 einen Hinweis gibt, einen Film oder ein

Film- oder Spielprogramm ankündigt oder für einen Film oder ein Film- oder Spielprogramm wirbt,

5.

entgegen § 4 Abs. 1 oder 3 einem Kind oder einer jugendlichen Person den Aufenthalt in einer Gaststätte gestattet,

6.

entgegen § 5 Abs. 1 einem Kind oder einer jugendlichen Person die Anwesenheit bei einer öffentlichen Tanzveranstaltung gestattet,

7.

entgegen § 6 Abs. 1 einem Kind oder einer jugendlichen Person die Anwesenheit in einer öffentlichen Spielhalle oder einem dort genannten Raum gestattet,

8.

entgegen § 6 Abs. 2 einem Kind oder einer jugendlichen Person die Teilnahme an einem Spiel mit Gewinnmöglichkeit gestattet,

9.

einer vollziehbaren Anordnung nach § 7 Satz 1 zuwiderhandelt,

10.

entgegen § 9 Abs. 1 ein alkoholisches Getränk an ein Kind oder eine jugendliche Person abgibt oder ihm oder ihr den Verzehr gestattet,

11.

entgegen § 9 Abs. 3 Satz 1 ein alkoholisches Getränk in einem Automaten anbietet,

11a.

entgegen § 9 Abs. 4 alkoholhaltige Süßgetränke in den Verkehr

43

bringt,

12.

entgegen § 10 Abs. 1 Tabakwaren abgibt oder einem Kind oder einer jugendlichen Person das Rauchen gestattet,

13.

entgegen § 10 Abs. 2 Satz 1 Tabakwaren in einem Automaten anbietet,

14.

entgegen § 11 Abs. 1 oder 3, jeweils auch in Verbindung mit Abs. 4 Satz 2, einem Kind oder einer jugendlichen Person die Anwesenheit bei einer öffentlichen Filmveranstaltung, einem Werbevorspann oder einem Beiprogramm gestattet,

14a.

entgegen § 11 Abs. 5 einen Werbefilm oder ein Werbeprogramm vorführt,

15.

entgegen § 12 Abs. 1 einem Kind oder einer jugendlichen Person einen Bildträger zugänglich macht,

16.

entgegen § 12 Abs. 3 Nr. 2 einen Bildträger anbietet oder überlässt,

17.

entgegen § 12 Abs. 4 oder § 13 Abs. 2 einen Automaten oder ein Bildschirmspielgerät aufstellt,

18.

entgegen § 12 Abs. 5 Satz 1 einen Bildträger vertreibt,

19.

entgegen § 13 Abs. 1 einem Kind oder einer jugendlichen Person das Spielen an Bildschirmspielgeräten gestattet oder

20.

entgegen § 15 Abs. 6 einen Hinweis nicht, nicht richtig oder nicht rechtzeitig gibt.

(2) Ordnungswidrig handelt, wer als Anbieter vorsätzlich oder fahrlässig

1.

entgegen § 12 Abs. 2 Satz 1 und 2, auch in Verbindung mit Abs. 5 Satz 3 oder § 13 Abs. 3, einen Hinweis nicht, nicht richtig oder nicht in der vorgeschriebenen Weise gibt,

2.

einer vollziehbaren Anordnung nach § 12 Abs. 2 Satz 3 Nr. 1, auch in Verbindung mit Abs. 5 Satz 3 oder § 13 Abs. 3, oder nach § 14 Abs. 7 Satz 3 zuwiderhandelt,

3.

entgegen § 12 Abs. 5 Satz 2 einen Hinweis nicht, nicht richtig, nicht in der vorgeschriebenen Weise oder nicht rechtzeitig anbringt oder

4.

entgegen § 14 Abs. 7 Satz 1 einen Film oder ein Film- oder Spielprogramm mit "Infoprogramm" oder "Lehrprogramm" kennzeichnet.

(3) Ordnungswidrig handelt, wer vorsätzlich oder fahrlässig

1.

entgegen § 12 Abs. 2 Satz 4 einen Hinweis nicht, nicht richtig oder nicht in der vorgeschriebenen Weise gibt oder

2.

entgegen § 24 Abs. 5 Satz 2 eine Mitteilung verwendet.

(4) Ordnungswidrig handelt, wer als Person über 18 Jahren ein Verhalten eines Kindes oder einer jugendlichen Person herbeiführt oder fördert, das durch ein in Absatz 1 Nr. 5 bis 8, 10, 12, 14 bis 16 oder 19 oder in § 27 Abs. 1 Nr. 1 oder 2 bezeichnetes oder in § 12 Abs. 3 Nr. 1 enthaltenes Verbot oder durch eine vollziehbare Anordnung nach § 7 Satz 1 verhindert werden soll. Hinsichtlich des Verbots in § 12 Abs. 3 Nr. 1 gilt dies nicht für die personensorgeberechtigte Person und für eine Person, die im Einverständnis mit der personensorgeberechtigten Person handelt.

(5) Die Ordnungswidrigkeit kann mit einer Geldbuße bis zu fünfzigtausend Euro geahndet werden.

Abschnitt 7

Schlussvorschriften

-

§ 29 Übergangsvorschriften

Auf die nach bisherigem Recht mit "Nicht freigegeben unter achtzehn Jahren" gekennzeichneten Filmprogramme für Bildträger findet § 18 Abs. 8 Satz 1 mit der Maßgabe Anwendung, dass an die Stelle der Angabe "§ 14 Abs. 2 Nr. 1 bis 5" die Angabe "§ 14 Abs. 2 Nr. 1 bis 4" tritt.

§ 29a Weitere Übergangsregelung

Bildträger mit Kennzeichnungen nach § 12 Abs. 1, deren Zeichen den Anforderungen des § 12 Abs. 2 Satz 1, aber nicht den Anforderungen des § 12 Abs. 2 Satz 2 entsprechen, dürfen bis zum 31. August 2008 in den Verkehr gebracht werden.

§ 30 Inkrafttreten, Außerkrafttreten

(1) Dieses Gesetz tritt an dem Tag in Kraft, an dem der Staatsvertrag der Länder über den Schutz der Menschenwürde und den Jugendschutz in Rundfunk und Telemedien in Kraft tritt. Gleichzeitig treten das Gesetz zum Schutze der Jugend in der Öffentlichkeit vom 25. Februar 1985 (BGBl. I S. 425), zuletzt geändert durch Artikel 8a des Gesetzes vom 15. Dezember 2001 (BGBl. I S. 3762) und das Gesetz über die Verbreitung jugendgefährdender Schriften und Medieninhalte in der Fassung der Bekanntmachung vom 12. Juli 1985 (BGBl. I S. 1502), zuletzt geändert durch Artikel 8b des Gesetzes vom 15. Dezember 2001 (BGBl. I S. 3762) außer Kraft. Das Bundesministerium für Familie, Senioren, Frauen und Jugend gibt das Datum des Inkrafttretens dieses Gesetzes im Bundesgesetzblatt bekannt.

(2) Abweichend von Absatz 1 Satz 1 treten § 10 Abs. 2 und § 28 Abs. 1 Nr. 13 am 1. Januar 2007 in Kraft.